AF599502

À la recherche du bonheur

Rim Johnny

À la recherche du bonheur

Recueil

ISBN : 979-10-422-1531-6

I
Ô belle France

Chaque fois que vous frottez la peau de la violence,
Vous touchez un vieux connard, intolérable nommé Dollar,
Qui se cache en silence : c'est un ennami, un vieil avare qui se moque de vos impitoyables souffrances, un sale bâtard…
Chaque fois que vous voulez l'indépendance ma chère,
Ses griffes sanglantes envahissent vos chairs,
Ô belle France,
L'Orléans, pucelle, mon étoile éternelle, resouhaite avoir un miracle du Ciel.
PS : Ennami : est un mélange d'ennemi et d'ami.

II
Si j'étais

Si j'étais celle qui a inventé le seigneur
Alors, je le dessinerais en reine
Et je remplacerais le trône par un lit de soie
Je sublime vers elle toujours sans peine
Avec des bagages poétiques tremblants extatiques.
Quel beau voyage !
Avec mes sens qui capturent le plaisir et le simplifient
Pour qu'elles assistent à la résurrection du bonheur à chaque heure
Mon cœur celui qui ne se prosterne que devant le plaisir
Et ne s'agenouille que pour l'extase
Ses sanglots d'amants et ses icônes sacrées sont des gouttes de corps enflammés
Qui restent en transe de l'amour
Et dans leurs prières jusqu'au dernier nuage des jours.

III
Essaye

Essaye d'aller jusqu'au bout
Sans fatigue sans un mot.
Essaye d'aller au-delà de ta peur
Si tu y arrives c'est merveilleux…
Le défi est très très beau
Tu trouveras ce qui se cache
Pour cibler le cœur d'une tâche…
Ton âme brillante est un fleuve splendide
Dont les vagues lumineuses te donneront l'éclair comme un flash…
Laisse-là se libérer, laisse-la jouir…
Aller au-delà, plus loin, qu'on puisse en finir.

IV
Votre envoi

Tes vents d'orage rugissants confondent le rythme
De l'écoulement de mes rivières,
Lèvent les voiles de la virginité de mes fleurs lyriques,
Flamboyant jusqu'à ma chair,
Troublent la vénération dans le visage de ma forêt sauvage,
Révélant des taches de lumière pure
Et d'autres de la luxure de flamme infernale,
Sentant le sifflement de mes fruits délicieux
Et leur miel fondu,
Où ses gouttes touchent les lèvres lubriques de la terre,
Dans de luxueux désirs et descendent dans un hymne sacré
Dont les vibrations frappent le cœur du ciel,
S'infiltrant des extrêmes de l'amour ardent
En termes de mystère, de mysticisme,
Ton esprit qui m'a pris d'assaut pour m'attirer,
Capturée par mes ombres luxuriantes,
Fascinée par mes reflets de lumière,
Il vient changer le cours de mon destin !
Il troquera mon âme pour m'abandonner
En présence de mon visiteur céleste.

Oh quelle tempête !
Ô esprit puissant !
Touchant les cordes de mon violon,
Et montant vers le lieu de l'extase mystérieux et incertain,
Avec de hymnes enchanteurs absolus
Qui ne séduisent que les cœurs purs et libertins.
Seuls eux peuvent être capturés
Ou détruits pour toujours pour un grand Amour
L'univers se dédouble si tu y pars,
Les éclairs de sens s'arrêtent,
L'astre s'éloigne de mon horizon.
Ô face de lumière
Ô qui me fait complètement disparaître en sa présence,
Je m'évanouis au sein de ton lever d'éclat
Comme la nuit où elle disparaît à l'aube sans aucune raison,
Ah, de l'empreinte de ton cœur,
Imprimé par tes lèvres dans mon cœur,
Pour que mes larmes coulent sans cesse, toujours.
Ô grappe de raisins noirs,
Chaque fois que tes feuilles frottent
Contre les cordes de mon violon,
Tu en fais un pur vin mystique,
Et tu le libères comme un air chargé
Qui enivre toutes les oreilles,
Celui qui m'enivre veut dire que je m'évanouis
Comme le nectar qui se dissout dans la gorge des abeilles.

V
J'attends toujours Godot

Je l'attends aujourd'hui derrière ces barreaux noir ébène,
Après qu'ils ont brûlé ma liberté
Comme on brûle une sorcière sans peine,
Je l'ai entendue gémir et crier à la conscience du monde,
Alors le monde était en plein délire.
J'ai entendu la convoitise du feu la ronger,
Comme le rongement d'un homme pervers et affamé
Jusqu'à ce que le sang coule de mes oreilles,
Qui étaient percées de cris et de douleur de cette vieille terre.
Godot, ma poche usée est pleine de graines
Et j'ai un tel chagrin…
Je m'inquiète de la sécheresse chaque matin
Cette conscience blesse ce fermier persistant
Ô quel blessé et quel arrogant
La conscience est le pire ami d'une existence
Comme elle est habile à me torturer,
Apportez-moi un fort anesthésiant
Car vos maigres prières ne m'anesthésient plus
Vos âmes qui manquent de pureté ne maîtrisent pas l'art de la révérence et de la suppléance

Apportez ce que vos démons ont d'hérésies publiques afin que je trouve le salut
Oh la conscience brute
Où êtes-vous Godot ?
Répondez-moi.
Répondez à tous ceux qui souffrent sur terre.
Que le monde s'arrête
Que les cieux se brisent
Venez, vous qui portez les sacs invisibles et gardez les clés
Venez afin que les aiguilles du temps s'inversent et arrêtent l'expansion de l'univers
Cette expansion m'inquiète
Et nous buvons encore de la vie dans des coupes vides de miséricorde
En attendant des miracles sur les braises les plus chaudes
Godot qu'est-ce que ça veut dire qu'on ne vous voit que dans la mort ?
Que signifie être quand l'autre n'est pas ?
Quel est le sens de l'existence ?
Quel est ce mystère absurde ?
Godot réponds-moi pour l'amour du Ciel
Une voix qui m'appelle :
Il suffisait de charger vos sentiments d'amour jusqu'à ce que vous voyiez ce qui ne se voit pas,
Jusqu'à ce que votre souffle divin fasse fondre les barreaux de la grotte étroite et verdisse les visions autour de vous,
Car rien d'autre que l'amour n'étanche la soif des âmes de liberté et de vie
Ne jaillit et annonce la paix comme un messager aux mondes

L’amour est celui qui bourgeonne les cœurs
Mon ami et les papillons dansent autour de la flamme sans agitation ni peur
Et répandent le bonheur et la joie
L’amour est le Godot attendu !
Lorsque vos sentiments en seront remplis,
Vous raviverez à nouveau le monde.

VI
Procès

N'avez-vous pas vu le troupeau se précipiter pour écorcher,
Alors qu'il est complètement impuissant et fauché.
Dépourvu de tout sauf de l'insignifiance,
Son cou est enchaîné, son esprit soumis et tordu,
Sa plus grande aspiration est de profiter du pâturage
Avant d'être béni par le bord de la guillotine,
Séparant la convoitise du corps d'un esclavage
Êtes-vous vraiment ceux qui leur ont demandé de se soumettre ?
Et aussi d'être des fidèles misogynes ?
Êtes-vous le père qui a castré ses enfants en leur menaçant de tourments infernaux ?
Ou leur donnant l'espoir caché comme la misérable héroïne ?
Pour que personne ne transgresse sa seigneurie !
Vos brises sont-elles douées de miséricorde ou de vengeance ?
Est-ce vraiment vos mains qui ont planté cette obsession mortelle
Dans leurs âmes pour qu'ils lapident la poésie, le dessin, la musique et d'autres choses belles.
L'art n'est-il pas une voie de sublimation vers l'éternité et l'immortalité ?

Sous prétexte de péché, ils ont été fouettés,
Humiliés, craints, méprisés,
Leur humanité déformée et leur moralité est tombée,
Leur langue léchant l'humiliation,
L'hypocrisie et les mensonges des égouts
De l'immoralité et des tyrans…
La peur de ces monstres est un écho
D'un plus grand châtiment,
Le jour où ils seront submergés par un flot de tourments,
S'ils pensent, imaginent ou s'expriment avec passion,
Amour et beauté…
N'êtes-vous pas le Seigneur de l'amour et de la beauté ?
Et le plus grand péché n'est autre qu'écraser les moi libres
Et fermer les portes de la connaissance
Afin que les âmes dépérissent,
Afin qu'elles apparaissent comme des fantasmes
Hallucinés et fissurés qui dansent avec le feu et la luxure
Dans la solitude et prétendent être froids et purifiés au monde.
Ô patients, et ils ne se dressent que lorsque
Les femmes sont écorchées ou calomniées
Avec leur nudité fautive,
Même au moindre contact de leur innocence ?
Comment vous connaissent-ils ?
Comment peuvent-ils ressentir la hauteur
De la formidable créativité d'un Dieu miséricordieux dans un grand univers ?
Comment peuvent-ils créer leur moi libre et élevé ?
Et participer à la prière, une action de grâce,
D'amour et de gratitude pour le don de l'existence… Comment ?

VII
Fils du cœur

Depuis que cet ange tendre t'a aimé,
Il a abandonné son monde
Immémorial de lumière pour tes forêts vierges,
Où pins sauvages, bois de santal, menthe acidulée, cet ermite dévot,
Et sanglots pleurants dans tes tavernes roses
Où l'éternel serpent Gilgamesh se cache parmi vos herbes couvertes de rosée,
Traquant le lit profond de la rivière sur une piqûre amicale ! Assurant à la rivière qu'il n'y aura pas de mal.
Depuis qu'il a touché le sifflement de tes désirs, Il a jeté les bords de son châle d'argent brillant
Sur votre crinière de rivière lumineuse.
Et ton hennissement large a couru avec les cloches de l'église
Pour sonner la messe de la réunion attendue.
Ô ange étonnant,
Elle a enlevé son être angélique et t'a embrassé,
Chevauchant le bruissement de ta voix et le sifflement de ses atomes chargés de toi,

Créant à nouveau le temps dans une autre attraction sans trace de culpabilité,
De terreur ou de punition, sans souci ni dépression.
Dès qu'il est monté sur votre trône terrestre,
Il a tour à tour avec le sifflement des collines
Afin de déplacer les cordes de votre violon
Créant du plaisir dans la mélodie comme l'amour le désire
Et vous désirez ces baisers qui vous ont surpris,
Il y a donc des champs qui aspirent à la récolte,
Il y a du blé qui est préparé pour le souper sacré
Avant la disparition de ce monde nihiliste terne,
Avant que le feu n'en redemande !
Et les brûlures de l'amour sont comme le feu qui manque.
Allez encore… Allez !
Furieux comme un cheval têtu, ô aigle débridé,
Et ô aspirant chevalier qui traverse plus vite
Que l'éclair de la jeunesse de la première extase
Avant que les âmes ne tremblent sur des divans
D'éclairs lisses et de plumes de basilic parfumé.
Ô sources jaillissantes de miel sucré
Et de lait filtré entre acier et terre,
Ô amour et ô merveilles,
Avez-vous entendu sa voix appeler ?
Oh, créature terrestre, je me suis déprogrammée et je me suis glissée hors de la boîte !
Pour porter un toast à ma liberté et entrer dans l'inconnu comme tu le fais sans peur !
Ô délicieuse,
J'ai réalisé ce que les louanges du Seigneur sont
En regardant ton beau visage et ta silhouette rosée.

J'ai réalisé que l'amour est adoration
Et que s'y habituer est ennuyeux et qu'il faut se livrer à l'ivresse dans l'amour frénétique
Et d'attraction inévitable et d'inventer des voies nouvelles,
Sobres et uniques dans un monde en crise,
Car sans au-delà aucune décision n'est prise.
Ô sauvage et ambitieux… à qui j'ai donné mes ailes pour voir
Le tonnerre et la foudre ne sont que des mues
De mes atomes qui se remplissent de votre air
Et se frottent avec vos atomes
Jusqu'à ce que l'âme s'illumine,
Le corps tremble et l'eau frémisse.
L'eau des rivières n'est pas plus délicieuse que votre eau,
Et l'odeur de la rosée à l'aube n'est pas plus délicieuse
Que l'odeur de vos sueurs froides
Au bord d'une lave ardente allumée pour la prière
Et qui n'a pas encore terminé la récitation des psaumes d'amour.
Ô être inférieur, prends le d'une lumière habile,
Elle est venue te parler des secrets du monde supérieur,
Où certaines vérités lui ont été révélées
– avec la permission de son créateur –
Le temps n'est qu'une grande illusion
Les passants s'imaginent qu'il bouge
Alors qu'il ne bouge pas,
C'est une illusion d'optique et une combustion interne
Et les âmes qui sont passées,
Ne sont que dans de nouveaux états
Qui s'accumulent et vous ne les voyez pas.
À chaque clin d'œil,

Des millions de planètes et d'étoiles naissent
Comme les humains, mais votre Seigneur,
L'Omniscient, a juré par le soleil et la lune,
Et a choisi quelques personnes,
Dieu crée ce qu'Il veut
Mais c'est de la sélection
Le cœur du sens et du sens est par essence,
Et ce qui est rare c'est le pur.
Fils de l'anéantissement,
J'ai risqué mon éternité pour ton amour
Avec l'amour j'ai choisi l'anéantissement
Plutôt que l'éternité terne et maladroite !
Sans odeur ni saveur,
J'ai enfreint les règles du jeu,
Négligé les gardes et quitté le Carré d'Or
Parce que je t'aime vraiment,
Parce que je ne veux pas que tu périsses ni que je reste !
Ô inébranlable, les chevilles du cœur
Et les nuages de l'âme,
Quand j'ai vu ton désir et ta faiblesse,
J'ai détesté ma lumière transcendante,
Et j'ai réalisé qu'un baiser
Que j'imprime sur ton front brillant
Équivaut à des milliers de prières formelles
Sans émotion ni esprit.
Que l'aube se lave de ta clarté, des significations brillantes,
Et que la bonté est liée à votre présence
Et est offerte à l'univers à travers vous… Fils du cœur,
Quand je t'aimais, j'ai libéré mes loups,

Relâché les cerfs, harnaché les étoiles et dansé.
L'univers est comme un amoureux fou.
C'est alors que j'ai réalisé que la guerre
À mille portes vers la paix,
Et que l'assaut vers l'inconnu vaut mieux que mille regrets.
J'aime tes chemins à enjamber entre les cimes,
Alors je hennis parmi les plaisirs
Et rue parmi les laves.
Ô enchaîné, ma liberté est au-dessus de tes chaînes,
Ma passion est entre tes mains
Jusqu'à ce qu'elle accompagne l'aube.
Dans la conquête il y a la vie après le sang.
Dans l'amour il y a le salut des nations.

VIII
Insensé

L'amour qui ne conduit pas au délire, ne veut rien dire.

IX
Énigme

Tmgt mtmp tjm rh jtpot stgmp rxu nxtpg
Wxpmp h mxpm khmmp axpg mxu tmgtfumt zxpmpt
PS : J'ai numéroté les 26 lettres de l'alphabet de 0 pour la lettre A… à 25 pour la lettre Z.
Puis j'ai choisi la clé de chiffrement (37) pour coder la lettre numéro x je calcule 3x7.
Comme le résultat 3x7, peut ne pas être compris entre 0 et 25.
Je prends donc son reste dans la division euclidienne par 26.
Ce reste est remplacé par la lettre correspondante.

X
Mon Père

Mon Père… La douleur broie la terre,
Dans une guerre sans pitié,
Et toi seul, est celui qui entoure la vérité,
Père, la volonté du mal se moque de ta bonté.
Je la vois s'esclaffer bruyamment,
Tenant le sceptre du pouvoir
Et crucifier l'amour…
Chaque jour je la vois briser les cœurs
Remplis de la foi et de joie.
Père, ma morale m'empêche de me plaindre quand je veux.
Dis à Noël de mettre fin aux maux,
Je veux enfin pleurer en paix.
Tous les enfants sur Terre veulent arrêter les guerres,
Ô mon Père.

XI
Lumière

Cette lumière qui effleure tes joues,
Embrasse ton cœur,
Elle t'entoure pendant des milliers d'instants,
Ne voulant pas se séparer de toi…
À chaque fois qu'elle part, elle s'empresse de revenir
Pour qu'elle tire son sens de ta présence
Et remplisse ses profondeurs de la chaleur
De l'amour renouvelé et de sources de désir ardent.
Et l'eau… l'eau qui se lave en touchant ton corps,
Après son lavage, elle devient pure et innocente.
Elle s'exhibe dans une robe de pureté, et de joie.
Quant à la misérable gourde
Qui a toujours désaltéré les lèvres,
Mais elle est restée frustrée et assoiffée
Jusqu'à ce que tes lèvres la touchent
Et que ta salive l'enivre…
Quelle belle sirène séduisante est-elle devenue,
Quand elle a testé le goût de l'immortalité
Dans un éternel instant de volupté
Au moment où elle a bu un peu de toi.

Et tandis que tes doigts contournent sa taille de soie
Tremblant de joie,
Elle s'est enfuie en dansant très loin de là.
Quant à l'air,
L'air qui s'élève à cause des sifflements de ta respiration,
Ses atomes ne sont pas retournés sur leurs orbites familières Désormais ils font des sauts plus élevés,
Ils sont lumineux, vaniteux…
Ils ont brisé les lois de la nature
Malgré le gel et ils ont vaincu l'entropie,
En inhalant tes sentiments,
Leur source de bonheur, leur étoile de chaleur…
L'espace-temps qui n'a jamais su se plier à personne avant,
Oh jamais…
Je l'ai vu se blottir pour t'étreindre.
Avant, il pensait que les lignes droites
Étaient la géométrie parfaite,
Et puis il l'a nié quand il avait envie de te contenir,
Et t'embrasser… Quant à mon nom…
Oh Monsieur mon nom qui titube
Entre les cordes de ta voix mélodieuse et profonde,
Est devenu fou, il ne sait plus qui parle,
Qui appelle !
Ce nom insensé pense encore
Que le son précédera la lumière en se précipitant
Comme une flèche vers ton cœur cher.

XII
Le dernier dîner

Les perles de vos yeux brillent comme des bougies,
Elles sont soufflées par les vents de l'anxiété.
Comme je crains pour elles
Que leur éclat à couper le souffle
Ne s'estompe et que le verre brisé de l'incertitude
Puisse blesser votre âme,
Et nous souffrirons de la douleur
Que nous ne pouvons pas supporter…
Le bâton de l'espoir est devenu si fragile
Que tu ne peux plus t'appuyer dessus.
Ah mon amour, nous sommes arrivés à notre dernier souper.
Que Dieu nous accorde notre saint toast.
Viens, une vigne dont les grappes ont mûri.
Viens, un champ de blé
Que mon désir récolte avec sa faucille lubrique,
Et mes mains le pétrissent au feu de mon cœur brûlant…
Viens, une tasse de vin vieilli digne des lèvres,
Caressant ses bords neigeux en fondant
Pour se désaltérer jusqu'à l'aube.
Viens, enfant d'ange, habiter mon ciel,

Et entendre la voix de Dieu dans mon voisinage.
Ce ne sont que des moments terrestres
Qui passeront sans aucun doute.
Et nous retournons dans l'éternité
Là où nous n'étions qu'une âme.
Le temps… Le temps n'est qu'une illusion trompeuse…
Et la vie… La vie n'est qu'un rêve éphémère
Pour moi qui se termine sur les battements de l'entropie…
Quant à l'âme… l'âme est notre vérité éternelle.

XIII
Métaphore

Quel est le lien,
Entre moi et un chien ?
Un chien livré à ce cruel destin,
Et il regarde de loin vers d'anciens copains.
Ce chien malheureux, car il ne peut plus rien…
Il n'a plus de moyens.
Sauf qu'il garde dans son âme Adrien,
Elle t'entoure comme le ciel entoure son terrien,
Comme la musique qui conserve l'empreinte d'un grand musicien.
Mon cœur, ton ange gardien, te garde comme
Ce chien affectueusement, sincèrement de très loin.

XIV
Comme un faucon hautain

Comme un faucon hautain qui s'élance
Vers un sommet lointain
Pour qu'il brise son bec
Sur des rochers secs, et sadiques,
Tu as fracassé, avec une gloire terrifique, ta cage thoracique
Afin d'en libérer ton oiseau adorant
Qui te picorait le cœur, causant des saignements forts
Et des violents tremblements poétiques.
Ainsi tu l'as détruit, alors ton oiseau a volé
Comme une mélodie dansante,
Avec des cordes de soleil, en dessinant avec ses ailes
Les lettres de ton nom qu'il adore
Et qui représentent son âme au corps.
Écoute sa danse, écoute la musique
Ton cœur n'a jamais tort,
Il est le musicien le plus sensible et le plus fort.
Espérant revenir après un long voyage,
Dont les souffles brûlaient
De nostalgie dure même dite tragique,
Où les langues de son désir ardent ont avalé

Tout ce qui est autour de lui à son passage,
Les arbres ont été brûlés, dépouillés de la peur et de l'ennui.
Et la rosée s'est évaporée,
Remplissant les creux des nuages de la joie des câlins,
De l'excitation des éclairs,
Et du hurlement en plein air
D'un loup douloureux au cœur de la nuit,
Oublié au carrefour de son amour fiévreux,
Alors qu'il traversait vers toi, des milliers et des milliers de voies.
Il a traversé, plongé dans de nombreux abîmes,
Pour qu'il puisse jouir de la vue de son sublime Bien-Aimé…
Ton front céleste, ta bouffée d'oxygène,
Tes regards profonds et pâmés comme un faucon urticant,
Et ton cou neigeux sur la haute souche de chêne,
Ils ont éteint son feu fou et impétueux.
Je suis, mon seigneur, un oiseau des forêts de douleur.
Je suis l'élixir du bonheur et la rosée des fleurs tremblantes du désir.
Je chante pour l'amour et j'envoie tous les soirs nos vœux en dépôt à l'étoile.
Mes amis sont les flûtes et violons,
Mon âme est un poème sacré qui pleure la douleur de Verlaine,
La rébellion de Rimbaud,
Et regrette l'amour étouffé de Heidegger
Et l'arrogance d'Hannah Arendt.
J'aime l'âme de Sartre,

Humble et généreuse jusqu'à la folie… Sartre est ce bon croyant…
J'ai toujours pleuré de toutes mes forces mon ami Verlaine,
Alors que ses rêves s'échappaient et que ses moi poétiques se déchiraient…
Et j'ai toujours pleuré avec toi,
Tu es l'amant têtu, misérable et rebelle.
Au nom de ton amour éternel,
Ne t'éloigne pas de mes cieux…
L'amour, mon seigneur,
Ne connaît ni limites ni fins…
Nous sommes ensemble depuis que nous étions et n'étions pas,
Et nous y sommes embrassés,
Aimés, querellés, réconciliés,
Et nous ne nous séparons jamais…
L'amour est celui qui a créé l'homme,
Et l'amour est celui qui nous a libérés comme la lumière
Et nous a revêtus de l'esprit de l'univers jusqu'à ce que
Nous communiquions et atteignions son sens,
Son but et sa fin.
Pour le bien de son Créateur.
Je suis rempli de la grandeur de ton amour,
Mon Seigneur… je suis ivre de bonheur.

XV
L'amour est un miracle des êtres humains

Je t'envie mon Dieu comme l'envie du fini pour l'infini
Ton moi transcendant ne connaît pas l'anxiété pourtant
Je marche sur ses poignards, je trébuche et tombe
Mon sang coule et puis je marche à nouveau en pleurant de douleur
Il est mon ombre, il est loyal là où la loyauté est inutile.
Je t'envie mon Dieu, car ton moi transcendant ne connaît pas le tourment
Ma vie est une histoire de tourment qui ne se termine
Que lorsque le livre est fermé
Mais quand la douleur finira-t-elle ?
Pourquoi Seigneur… qu'a-t-elle fait ma nature imparfaite ?
Et à quel point la perfection est difficile à atteindre ?
Peu importe à quel point elle essaie et s'efforce.
Ce soi flamboyant pour être illuminé et éclairé
Même avec une lueur de conscience,
Il lui est impossible d'atteindre l'Absolu.
Je t'envie et tu es celui qui sait tout,
Qui est conscient de la réalité des choses et de leurs désirs.

Je t'envie et des orages de pitié m'envahissent de sentiment de générosité,
Ils m'emportent et je vois l'eau s'écouler en bas de la rivière.
Vous avez les nuages sombres et la pluie abondante
De sorte que mes yeux ont plu au lieu de la pluie où la terre aride et les tentes sourdes… Et personne…
Seigneur, je veux cacher la déception des visages jaune pâle,
Mais je suis incapable de couvrir mon visage.
L'altruisme, ô Seigneur, est un trait humain,
Le Seigneur est une personne transcendante,
Que personne ne peut atteindre.
Mais elle aime l'altruisme d'une manière morale et j'aime l'imiter.
J'ai préféré la famille de mes fils et de mes animaux à moi-même
Jusqu'à ce qu'elle me réprimande et me dise :
« Ô toi qui es limité en tout, il y a une limite à tout alors adhères-y.
Et tu es l'illimité ô Seigneur.
Puis-je avoir le moindre de mes trébuchements dans ta préférence ? »
Je t'envie ô Seigneur et tu es l'éternel.
Tu ne vieillis jamais et je lutte contre le chaos.
Il veut saper mon bâtiment.
L'entropie me ronge,
Chaque jour elle me tente avec moi-même,
Elle ouvre les portes de ma tombe pour qu'elle me donne comme une table
Elle se moque de moi et de mon arrogance !

Et toi mon Seigneur ne te moque de rien, car tu es l'omniscient de tout.
Quant à moi Seigneur je me moque des paradoxes de la vie
Et transcende ses contradictions même si je les commets chaque jour…
Mon Seigneur gloire à toi, tu ne te sens pas coupable, Mais moi je suis transpercée par un péché que je ne connais pas
J'ai été jugée par contumace et ils m'ont conduite au tribunal,
Je suis accusée d'exister ! Quelle est ma faute mon Dieu ?
Qu'est-ce que j'ai fait ? L'incomplet est-il à compléter ?
La chair et le sang ne peuvent-ils jamais devenir Absolu ?
Ô parfait dans tes qualités comment puis-je devenir comme toi ?
Ma consolation, Seigneur, c'est ma certitude.
Des éclairs de tranquillité me remplissent entre angoisse et angoisse.
Même si le voile se lève cela n'augmentera pas ma certitude.
Mon grand-père l'a dit avant moi et est mort en martyr,
Il est reposé du monde de la corruption…
Te souviens-tu de la promesse que je t'ai faite,
De défendre ton existence avec raison ?
Je suis toujours à la recherche de la connaissance mon Seigneur,
Je porte mes valises depuis l'âge adulte et je suis la connaissance
Et la connaissance est un grand océan.
Je sais que tu es le cerveau de l'univers
Vous avez établi les systèmes et leur cours.
J'ai réalisé votre vérité irréfutable au cœur de mon esprit
C'est pourquoi je n'ai pas été secouée par des tourbillons.

Pourtant j'ai continué ma course en souriant dans un silence sarcastique
En voyant la fragilité des moi transcendants lutter avec vos ombres.
J'ai de la pitié envers vos enfants qui veulent prouver leur existence en luttant
Combien essaieront-ils de piétiner les ombres du Père ?
Afin de prouver leur masculinité et ils ne feront que prouver
Leur impuissance et leur castration.
Ils se font comme des dieux dans le désert et ils sont les seigneurs d'Œdipe,
Tentés par sa complexité essayant de tuer le Père et de posséder la terre.
Et ils ne possèdent qu'un vide stérile dépourvu de sens
Dans lequel l'absurdité est terrifiée et le souffle des démons s'y gonfle.
Satan n'est-il pas de votre création ?
Mon Seigneur comment peuvent-ils le laisser en vie ?
Quand je t'ai tué, mon Dieu,
L'humanité est morte, le but est mort,
Le sens s'est estompé et le diable est resté vivant. Les temples et les prières pour lui sont encore réservés
Où sont leurs innovations ?
Seigneur, ils ont fait beaucoup de dieux,
Les dieux qui leur ressemblent sont méchants, injustes, et tyranniques
Ils ne prétendent pas de t'incarner et tu n'incarnes que leurs cœurs malades…
Les descendants du Samaritain ont rempli le monde affligé,

Il a été dit aux réconciliés de leur cœur :
Vous ne nous toucherez pas !
Seigneur à quoi sert ma certitude et l'injustice assassine ?
Mes rêves gâtent le parfum de mes jardins,
Empêchent leurs oiseaux de chanter et de s'amuser
À quoi sert ma certitude et les ténèbres qui ont étendu la potence
Pour étouffer la liberté et empêcher le matin de respirer… ?
Comme je t'envie espèce d'arrogant quand je vois l'érosion de ma fierté
Mon honneur est mon manteau alors arrange mon vêtement pour moi
Ne le laisse pas tomber, car tu es celui qui soulève ô Seigneur de la puissance.
Comme tu es patient mon Seigneur, tu as attendu des millions d'années
Jusqu'à ce que l'image du grand univers soit achevée, Que les atomes fusionnent avec l'amour et permettent aux rayons de lumière
De s'éteindre et que le ciel brille de la lumière de son Seigneur
Une créature instantanée comme moi peut-elle attendre et être patiente ?
Et son âge est un aperçu de l'âge de la terre.
Comme un rêve fugitif ou un clin d'œil au cours du temps qui s'étend sur des siècles.
Et l'infiniment petit atome devant votre vaste univers a-t-il la capacité d'être patient pour celui qui n'a pas apporté de nouvelles ?

Un atome avec une conscience directrice qui veut incarner la vérité de son puissant Seigneur. Il ne vous atteindra pas, mais il essaie…

Mon Seigneur je suis limitée sauf par l'amour donc mon amour est sans limites.

Avec l'amour seul j'atteins l'absolu.

L'amour me libère de ma coquille et me donne des ailes vers l'éternité.

L'amour est un miracle des êtres humains, il n'y a pas de limites en amour.

Le sacrifice, mon Seigneur, est purement humain.

Je suis le sacrifice, celui qui est sacrifié et celui qui sacrifie. Je suis tout autant que je suis de chair et de sang.

Comme tu es gentil mon Seigneur,

Tu vois les méchants se précipiter pour te tuer

Alors le ciel sourit, les démons rient, le tonnerre menace et les nuages pleurent

Tu es le doux, ton trône ne tremble pas et les lois de ta nature n'invalident pas.

Dès qu'une théorie stupéfiante leur est apparue

D'un éclair de lumière ils s'y précipitèrent,

Installèrent une nouvelle loi de sorte qu'il ne restait Plus que ruine et rebut de poussière.

Seigneur vous savez mieux qui vous avez créé,

Des hommes libres que vous vouliez,

Et leurs maux se sont déchaînés…

Mais l'espace-temps s'étendant à l'infini

Prédit que l'avenir a été déterminé et que des dates ont été inscrites,

Que tous les événements sont connus.

Ce que nous sommes, nos identités et nos libertés ne sont que des possibilités.
Seuls les choix possibles pour les chemins hors d'un groupe de chemins totaux,
Nos choix libres déterminent notre identité future,
La liberté n'est que relative il n'y a pas de liberté absolue.
Il n'y a pas de liberté dans sa forme absolue,
Je suis le robot créé, programmé pour s'accomplir par moi-même,
Grâce à moi je deviendrais peut-être un géant.
Mon puissant algorithme me donne de l'innovation et de l'architecture.
Un sens subjectif que je forme en créant d'authentiques algorithmes partiels
Mais il m'est impossible d'annuler mon moi programmé.
Suis-je vraiment libre ? Il m'est impossible d'arrêter ma programmation,
Il m'est impossible de me recréer.
Qui suis-je Seigneur ?
Quel est mon avantage ?
Quel est mon but ?
Pourquoi tout ce tourment ?

XVI
Je suis ta Rim, le rimmel dans notre poème immortel

J'étais le nectar d'une rose sensorielle,
La piqûre de ton amour m'a transformé en miel.
Mon âme souffrante et rebelle pleuvait sans cesse
De l'aliénation dans un monde matériel
Dont le visage est cruel d'où l'esprit des vertus s'évanouissait,
Les passions devenaient hypothétiques et artificielles,
Mais les réfractions de tes rayons passant en elle,
L'ont transformé en bel arc-en-ciel.
Ô bien aimé, ils souhaitent que je ne sois rien !
Et le seigneur voulait que je sois le moteur d'un immense bonheur,
Et la volonté d'amour immortel.
Je suis celle qui t'adore, mais aussi qui t'asservit.
Mon amour. à jamais !
Je suis la vertueuse, la délinquante, la pucelle et l'amante,
La débridée rebelle, l'obéissante Fidèle la plus noble et la plus belle.
Je suis ta sainte parole ô mon sens éternel,

L'enfant de mon cœur et la cultivatrice de mes fleurs,
Je suis celle qui remplit le ciel de ses rires angéliques.
Je suis la mystique sensuelle, la nonne charnelle qui t'aime exactement
Comme si tu étais une musique céleste avec des hymnes divins
Joués par un orchestre satanique qui provoque son sang
À des danses sensorielles, ardentes fantastiques dans ton temple universel,
Ô tout mon Monde, ô promesse des nuages
Malgré le feu avec l'eau éteinte les flammes de mes veines.
Ô appel des anges et des démons qui se chamaillent sur le trône de mon âme.
Je suis ta Rim, le rimmel dans notre poème immortel.

XVII
Le doute et l'ennui sont les enfants bâtards d'une vie

Où rien d'autre que la douleur n'est gratuit.
Depuis que nous sommes possédés par la cupidité, nos âmes sont avides,
Loin de comprendre autrui.
Nos cœurs sont réduits à un muscle minable languide.
Le temps s'échappe comme l'eau qui fuit,
Des fissures d'un terrain vague sans que l'espoir ne verdisse
Ni que la joie ne fleurisse.
Il ne restait que l'écho agaçant des egos vides dans les nuits affolantes
Qui se moquent de valeurs,
Comme la beauté, l'amitié et le bonheur,
Et conduisent à la futilité puis au suicide.

XVIII
Âme transparente

Ton âme transparente n'est pas ignorante,
Elle me reflète tes désirs furieux, ardents, et ta folie débridée
Avec le hennissement de tes illusions séduisantes et envolées,
Comme un diamant qui me brillerait de son éclat radieux et attirant,
Hélas l'obscurité sévère du surmoi arrache cette image d'un beau délire,
Tout en emprisonnant nos désirs, et puis nous déchire.
Ton existence est un don céleste de bonheur terrestre.
Mon étoile, la source de mon inspiration,
Je te porte dans mon âme comme un devoir sacré.
Comme une épopée effarante, comme une légende fantastique captivante.
Mon âme transcendante te porte à la septième porte de l'extase,
Bien que le mal qui me massacre, t'emporte pourtant imprenable et fort,
Car elle se consacre à ton bonheur afin qu'il soit doux fructueux et sucré.
Ô Mon ange rien ne me change !

J'adore en toi tout et n'importe quoi !
Ô mon unique toit !
Je dois à tes doigts d'éplucher mes oranges,
Je leur dois de peindre les ailes de mes tournois,
De provoquer les brûlures de mes bois.
Rien ne me change à part toi, mon ange.
À travers le passage des siècles passés,
Des siècles cachés au fond de l'invisible,
Qui sont visibles là-bas aux yeux des autres mondes
Je t'aime ici sur cette galaxie, et dans tous les mondes parallèles,
Je t'aime en mille autres femelles.
Je date mes jours en toi,
Car avec toi ma vie a commencé et ainsi va se terminer
Tu es mon extase d'avant et d'après
Je suis dans un perpétuel frisson sacré
Ici et là sur le vaste tissu de l'espace-temps…
Mon amour légendaire :
Je ne me suis pas arrachée de tes tripes pour y revenir.
Malgré cela,
Mon âme n'est éclairée que par la lumière de ton amour,
La paix ne se peint sur mon visage qu'avec tes couleurs
Dis-moi que ferais-je si mon cœur t'arrache à ses scrupules ?
Inévitablement le trou d'ozone, l'apesanteur et la noirceur de la tristesse m'achèveront.
Ô centre de l'âme et secret de l'équilibre,
Ma vie ne va pas sans toi, les étoiles s'éteignent,
Les océans s'assèchent et les ténèbres engloutissent le monde,
Sans toi je ne serais jamais moi.

XIX
Pont-Aven et Sainte-Anne

Ce sont les impressions d'une personne qui génèrent ses sentiments,
Qui peuvent rester vagues jusqu'à ce qu'elle ait parfois la capacité de les traduire.
Je me demandais pourquoi j'étais tellement attachée à Sainte-Anne,
Je me suis rendue compte que ce nom avait une grande signification.
Sainte-Anne, la grande femme qui nous a donné la grande icône,
Et qui à son tour a enfanté une grande lumière.
Son esprit lumineux s'accroche au lieu,
Les champs de blé s'accrochent au flot du fleuve en eux.
Sa chaleur spirituelle suffit à mettre fin au tremblement des ailes brisées
Après une tempête au destin de glace transcendant.
Sans doute depuis qu'elle a possédé mon âme
Jusqu'à ce que je sois devenue l'une de ses fidèles ermites,
Peu importe les distances.
Je n'en serais pas arrivée à cette conclusion

Si je n'avais pas visité Pont-Aven cet été,
Et vu de mes propres yeux l'esprit de Gauguin,
Des apôtres autour de lui Bernard et Sérusier…
Leurs âmes volent haut dans le lieu
Pour le ressusciter, vivant dans une nouvelle création.
C'est vraiment un miracle.
Il y a des âmes qui refusent de quitter l'endroit… (Oh, le pouvoir de l'âme)
Il y a ceux qui errent autour, soit comme esclaves de l'idée de l'art ou de la religion,
Soit par amour de l'art et la religion,
Car ils sont les chevaux indisciplinés de la peinture,
De la poésie et du mysticisme,
Qui, chaque fois qu'ils sentent la réincarnation de la flamme sainte,
Sont balayés et s'envolent pour briller à nouveau.

XX
Galaxie

Cette orbite dans ses yeux est encore préservée
Depuis des milliards d'années-lumière,
Quand je l'ai vue, j'ai été trempée d'amour,
Et des branches d'amandier ont poussé
Dans les jardins de mon âme,
Et leurs racines se sont étendues profondément
Dans le sol de l'amour,
Jusqu'à ce que la douleur soit devenue engourdie,
Les fissures de l'âme aient été guéries,
Et la beauté se soit complétée en elle
Par une pleine lune brillante.
L'enfant tendre et éternel,
Le Dieu puissant, le Dieu faible et contradictoire,
Il est mon ego qui me complète,
Nous complète ensemble.
Nous sommes la parole du Seigneur,
Les anges de l'amour et les frissons de la foudre
Quand les nuages se remplissent
Des soupirs de la pluie. Ce n'est pas un être humain, Mais
la grâce de mon Dieu.

Il n'est pas un homme, mais une nation d'hommes,
Pas un cœur, mais le vin de l'amour
Dans un fleuve qui coule et me baptise d'amour,
Me transforme en blé, me remplit d'amour
Pour les oiseaux du paradis et les cœurs des pauvres.
Il réveille l'âme de son sommeil,
Ravive les arbres dans l'âme du Seigneur.
Il soupire d'amour et fermente de désir.
Il est celui qui m'a donné une autre dimension
Et m'a extraite du monde de la réification
Au sublime de la Sainte Présence,
Où les dimensions illimitées, les visions étendues,
Et l'union de l'amant avec l'adoré.
Dans une architecture qui ne fait pas la différence
Entre le pénétrant et le pénétré
Et entre le premier et l'autre.
Mon monde, mon corps, ont mûri
À cause de la lueur du désir dans ses yeux,
Et les grappes se sont remplies,
Alors le vin s'est versé,
Les lèvres étaient mouillées,
Les cheveux sont devenus plus épais,
La mélodie décalée.
Ses mains jouant, oh ses mains…
Les mélodies des connaisseurs,
La danse des deux parents adorateurs.
Le sceptre des doigts,
Le calme des côtes,
Leur peur que la révélation ne les quitte.
Et là la mélodie s'arrête un instant.

Articulé, façonnant à nouveau le monde,
Moments où de nouvelles mutations existentielles se créent,
Comme un reflet glamour qui jaillit
De son poignet, alors qu'il était caché dans la paume de l'invisible,
Soufflé par les lèvres du destin,
Pour atterrir sur la terre et saluer qui il veut
Avec le commandement de l'amour,
Comme un miracle du Seigneur qui donne un fort courant
Dans l'artère de la créativité.
Jusqu'à ce que le rythme de l'ennui surprenne
Comme les notes sont surprises.
Le génie musical, plein de miraculeux et de folie,
Casse le jeu monotone pour devenir la note la plus proche du miraculeux,
Avec sa fréquence chargée de sens,
De ses symboles intenses qui pleuvent de suggestions,
Il vole les âmes et pousse les âmes extatiques à danser Au-delà du septième royaume et des structures les plus extrêmes
D'adoration et d'amour.
Là où nous enlevons la vanité, le doute et l'anxiété
Et nous devenons des enfants purifiés.
Puis-je chanter pour le plaisir alors que je suis le poète triste,
Le derviche errant, marchant sur le chemin de la douleur,
Ne possédant que des larmes, un baume pour l'humanité,
Et ne désirant que la justice, l'amour et la paix…
Personne n'entendra comme s'il vivait… j'ai vécu ce qui était.

XXI
Avant le Big Bang

Au début nous étions un point,
Une âme portant une grande énergie d'amour
Et le Seigneur a voulu qu'elle explose…
Comme c'est merveilleux de revenir à un point,
Comme c'est merveilleux pour nos âmes
De fusionner puis de remodeler l'endroit.
Quel est le besoin des effets de notre amour dans l'univers ?
De quoi avez-vous besoin pour les danses des galaxies, Le scintillement des étoiles et les flammes du désir de leurs rayons ?
Notre besoin est une union, puis une explosion en crée une autre…
Votre besoin de ma signification
Pour que l'ennui ne vous remplisse pas
Car il vous épluche la peau et serre votre cœur.
Mon besoin de toi,
Mon sens complet,
Périr mon amour pour toi,
Ma grande singularité,
Et les catacombes de l'éternité…

J'ai besoin que vous me donniez la conscience des dieux
Dans la plus grande manifestation
Et que vous vous accordiez le paradis le plus élevé
Pour y entrer en paix et en sécurité…
Ah, l'horizon des événements,
Ai-je encore peur de la pénétration ?
Est-ce que j'ai peur de pénétrer plus profondément ?
La peur et la terreur ne sont rien d'autre
Que le langage des impuissants et des esclaves…
Et mon cœur puissant,
Mon cœur est le roi des échecs et le maître des joueurs…
La vie n'est rien d'autre
Qu'une aventure à gagner ou à perdre…
La coupe n'a été créée que pour être remplie,
Et le danger n'a été créé que pour être brisé…
Nous reviendrons comme une seule âme
Portant l'énergie de l'amour sans fin…
Jusqu'à ce que nous transcendions la faiblesse humaine,
La tristesse humaine et la souffrance humaine,
Et des milliers d'univers aimants exploseront à nouveau…

XXII
Grand oiseau Simorgh

Tu peux laisser ton bec planté dans mes tripes pour saigner jusqu'à la dernière gorgée d'amour.
Tu peux déchirer mon corps et le placer au carrefour des sept vallées et l'appeler, il viendra à ta poursuite.
Tu as ce que tu veux… Et j'ai un cœur qui ne se remplira que de toi.
J'ai une langue qui ne médite que par le souvenir de toi…
Et des lèvres qui n'existent que pour que son souffle ardent s'effondre
Pour imprimer ses sentiments comme une ligne de papillons sur les lampes de vos sentiments…
Puis il s'évanouit… Il fond en votre présence.

***

Ô grand roi, présent pendant qu'il est absent, et de sa présence me rend absente
J'erre encore dans sept vallées jusqu'à ce que je te rencontre.
Dans la vallée de la demande, j'ai perdu ma question Et dans la vallée de l'amour, mon âme a erré.
Et dans la Vallée de la Connaissance, je me suis réalisée dès que j'ai regardé dans le miroir de tes yeux, oh, tes

yeux… Puis je suis montée dans la vallée de la dispensation, alors je me suis déshabillée de moi-même afin de t'apporter de la douceur, je l'ai quittée tandis que les langues de feu dansaient autour d'elle

Elle était ivre d'extase et le feu l'a attachée à une bride de l'enfer, et j'étais fébrile et la grêle dans tes mains… et je les désire., je veux que tes mains décollent ma peau usée par les brûlures, et à chaque croûte, tout tombe… sauf toi ! Oh Seigneur d'amour… ton âme n'est rien d'autre que la frénésie du feu, et je n'ai rien d'autre qu'un fantôme brûlant de mes danses dans ton temple autour de ton âme. Au-dessus de ma tête il y a deux oiseaux, leurs ailes volent, me faisant signe qu'il y a n'y a de salut qu'en se prosternant devant toi.

Oh l'égarement de cette existence, fus-je étonnée de mon âme trop aimante, trempée dans le sang de ses entrailles, comme ta baguette poétique fut transpercée par la lumière pénétrant les membranes de la nuit et la foudre pénétrant les nids de pigeons… et les signes de peur ou d'angoisse ! C'est en ta présence ? Et le signe de la douleur ? Votre plaisir a largement dépassé ses sanglantes douleurs

Oh, mon grand roi… comment mon âme est pauvre sans toi. même les montagnes sont dispersées sans ta fierté… le sommet c'est toi, le haut toi et le plaisir désiré c'est toi et tu es le grand toi-même

Mon âme n'est calme qu'en récitant tes lettres, je les goûte lettre par lettre et m'enivre sans boire et oublie les piqûres du désir et les fouets de l'angoisse.

***

À distance, me murmura l'oiseau de la fenêtre, d'où es-tu ?
Alors je lui ai dit dans son cœur lumineux, je suis la cause de la lumière et du feu, et je suis ses initiales, et je suis le rayonnement de l'univers entre ses yeux et dans sa poitrine, et je suis la douceur des lèvres et l'élixir de l'amour.
Je me suis évanouie en moi… Je ne vois plus, je n'entends plus, mais je suis l'amour manifesté en soi.

XXIII
Paroles sensorielles

Ô Dieu, nous vous cherchons tous
Bouddhistes et Chrétiens
Hindous ou Zoroastrians
Philosophes et artistes
Même un athée.
Au milieu de son angoisse flagrante, il vous cherche
Bien qu'il chevauche le vent nihiliste et effrayant, qui le conduit à l'absurdité agaçante.
Sincèrement nous vous cherchons, mais hélas, les verrous rouillés sur les portes de nos âmes, restent longtemps inemployés, le vide elles réclament
Ô créateur du néant, mon cœur est comme une étoile géante qui suit vos traces dans un immense océan
Il vous adore, follement fort
Témoigne son ADN
Qui suit son délicieux sort
Affectueusement dans mes veines
Sans vous le monde est futile, et sans vous le sens est inutile.
Je jure, mon seigneur, par votre puissance infinie, que vous
Me regardez chaleureusement et Je ne serai jamais punie.

Que fait une personne sensorielle si sa perception visuelle est la fenêtre de ses touchers sensuels ?
Son délire émotionnel errant
Comme un cheval mystique
Dans la cour de son corps lubrique,
Le rite de son amour insolite
Et tyran l'asservit tout comme
Le brillant prestige asservit le cœur des aspirants. Son bien-aimé incarne le métaphysique
Dans un être extrêmement attirant ?
Il est rempli de votre inspirante lumière,
Qui m'embrasse, comme si les horizons
Radieux et accueillants embrassent le visage de la terre.
Est-ce un péché d'aimer jusqu'à l'ivresse cherchant le plaisir et la tendresse ?
Est-ce un péché que sa passion intense forte, illogique, le porte loin, si loin, comme un rêve fantastique ?
Par votre grâce faire exister « un être formidable » ?
Ma joie celle de ses traces dans ce désir incroyable !

Je jure, mon seigneur, par votre durable grandeur que vous nous incarnez en une poésie inoubliable :
En lui j'aime le visage de la vie
Cet amour restera inchangeable
Et parce que l'Amour, n'a jamais tort,
Nous conservons ses mots immuables.

XXIV
Délire

Délire…
Pleuvoir mes larmes
Mon âme se déchire
Rien n'est plus fort que ce délire
Parmi tes mains mon sort s'endort
Ô quelle horreur qu'on le laisse dormir…
Tes tonnerres sauvages et tes éclairages me mouillent, trésor, d'un grand désir…
Mon grand Amour, mon vrai plaisir, personne jamais ne pourra le détruire
Pour toi ma rime, mes mots sublimes
Sans toi le sens de mes mots s'abîme
Mon âme encore t'attache très fort
Par cela mes larmes veulent traduire :
« Ne laisse jamais ta rime subir ».

XXV
Sainte-Anne

Seul ce qui sera donné, ne sera pas perdu
Mon âme lumineuse, en ton âme est fondue
Sainte-Anne,
J'ai pris soin de tes agneaux
Nous sommes des saints, purs comme neige, et loyaux
Mon cœur sacré t'aimera encore
Il te versera son sang comme un vin, éternellement dû
Les gestes amoureux n'ont jamais tort
J'étais oiseau chantant ta joie
Ma voix, Sainte-Anne, est celle de l'Amour
Ta joie est ma loi jusqu'à la mort
Je prie Sainte-Anne… je prie très fort
Que tu brilles toujours,
Ô mon sacré trésor.

XXVI
À Sainte-Anne

Comme un fleuve qui se jette dans l'océan, mon cœur moine se déverse à tes pieds Sainte-Anne
En ta présence, ô champ lumineux des oliviers, l'existence triomphe du néant mortifié, car la pureté de ton âme vainc l'absurdité glorifiée.
À présent nous n'attendons plus Godot !
Ainsi tes rayons ont dévoilé les rideaux du demain qui nous est apparu comme un chemin illuminé par les trésors de la connaissance que notre conscience pénètre avec la volonté de puissance.
Nos âmes ardentes sont arrosées par ton vin saint et nourries de pains de vertu et de fruits de patience, tandis que tes flammes divines percent le fond de nos poitrines qui sont remplies de la croyance.
Ô Zarathoustra, que diriez-vous au misérable Nietzsche ?
Que diriez-vous devant une véritable grande néo-naissance ?
Zarathoustra, soyez raisonnable, Dieu ne meurt jamais !
Zarathoustra regardez Sainte-Anne,
C'est comme une lampe d'argile allumée à l'huile bénite et qui brille sans limite en toute-puissance.

Ô sainte Anne,
Tandis que Dieu aura tendu son doigt vers toi, tes jeunes plants assoiffés de savoir, s'abreuveront avidement aux sources sacrées de ta lumière et de ton pouvoir pour s'élever en arbres forts, féconds et généreux.
Sainte-Anne l'icône rougeoie à jamais, témoignant de Sainte Vertu et surtout que tes mains protègent avec confiance et constance l'amour que nous avons perdu.

XXVII
Qui m'a crucifiée sur ton torse

Ô ma haute montagne, je suis ton faucon, ta compagne…
Je vis sur tes cimes, je suis ta Rime.
Je respire ton air et je me baigne de ta lumière…
Qui m'a crucifiée sur ton torse ?
Qui a versé mon tourment ainsi et mes larmes ?
Pour qui ? Pourquoi qu'est-ce qu'on veut de moi ?
Ô toi, tout-moi, si tu nous étais révélée tu nous aurais brûlés, et si nous étions tombés sur toi, notre âme lumineuse t'aurait étourdie…
Ô bien aimé, essuie avec ta main, « la main du Christ », nos corps afin qu'ils se libèrent de leurs passions.
Et essuie nos cœurs jusqu'à ce qu'ils se refroidissent. Essuie mes seins afin qu'ils puissent être libérés du désir d'embrasser la lumière de tes lèvres.
Sûrement, j'ai besoin d'un autre miracle prodigieux de la part de Dieu comme celui qui a divisé notre âme en deux.

XXVIII
Notre reine qui a été violée…

Notre révolution captivante, les sauvages ont volé les perles de ton corps splendide, et tu es toujours sous leurs griffes gémissant en hurlant.

Ah, si j'avais ma guillotine, Robespierre, donne-moi l'esprit de vengeance… Mon sang bout comme un chaudron et mes mains sont attachées.

Ils ont sucé son sang succulent et l'ont jeté sous leurs pieds sales.

Elle s'est flétrie en regardant au loin le spectre de la liberté désirée.

Robespierre, prête-moi ta guillotine, même si elle me tue !

À quoi est bonne une vie d'esclave ?

À quoi est bon l'air si tes chaînes t'empêchent de le respirer ?

Ces imbéciles primitifs trempés dans le vice et postés sur les plaisirs.

Ce sont des ogres qui ont envahi le Temple de la Lumière.

Ils souillent son corps et arrachent les perles de sa poitrine d'albâtre !

Quelle profonde tristesse, ô notre déception meurtrie, quelle misérable vie…

Non, nous ne mourrons pas, nous sommes sortis du pouls de l'histoire.
Nous lui avons appris à parler quand il était muet.
Je suis le descendant de Gilgamesh qui a tout vu.
Non, nous ne mourrons pas.
Shereen Abu Aqila, tu n'es pas morte, tu as été élevée au ciel.

XXIX
Faust

Mille serpents piquent mon sang
Mille fantasmes me provoquent en dansant
Autour de ton feu frémissant
Qui m'attire à y pénétrer avec puissance
Une innocente sensuelle primitive sauvage
C'est ta Rime perçante qui atteint le ciel en jouissant
En fondant comme le sucre dans tes lèvres remplies de rage L'extase l'absorbe d'un désir trépidant
Tu te dilates dans mon temps tout comme l'univers se dilate…
En concupiscent…
En frémissant en grande extase.
Faust mon saint… Ton désir est sous-jacent
À quoi est bonne une vie angélique sans un éclat d'étoiles retentissant !
Le cœur brûlant de ta galaxie m'attire.
Il n'y a pas pire que laisser réfléchir, que laisser refroidir, pourtant des glaires de milliers de loups dans mon sang se mettant à genoux vous crieront :
Oh Faust… Oh Beau délire… Oh éternel martyr… apprends-nous à obéir à nos désirs à ne plus les trahir.

XXX
Cœur royal

Loyal royal, quel beau cheval !
Votre cheval galant vous aime,
Il gardera une fidélité extrême.
Il vous suivra jusqu'à la dernière bataille !
Malgré ses blessures saignantes… et ses combats effrayants,
Avec son dévouement sans faille,
Il vous sourira malgré tout,
Il n'y a que la mort qui le séparera de vous.
Ô quel cheval au cœur royal.

XXXI
Qu'elle s'harmonise

Je veux te contenir comme un poème qui s'unit à son sens poétique.
Je veux que tu goûtes mes mots magiques,
Sirote… sirote avec tes sept sens, car mes mots t'apportent une nouvelle langue sensuelle et magnifique.
Je veux qu'elle s'harmonise avec tes lignes et se dissolve dans ton sang d'une façon horrifique…
Jusqu'à ce que tu deviennes un vol de papillons errants attirés par la cour, se précipitant vers là où la lumière et la lucarne brûlante…
Je veux être insolente, un coup de foudre déchirant ta chair frémissante, il explose la fontaine coulante de ton vin fantastique…
Je vais planter mes mots tulipiers comme je veux… sur tes lèvres parfois et quelquefois sur tes pieds, qu'ils signent sur leur passage mon poème, mon chef-d'œuvre comme un tatouage, rien jamais ne l'effacera, car c'est un pur amour… un vrai langage.

XXXII
Comme un enfant qui dort sur un chant angélique

Imagine un jour sans la chère Marine,
Imagine une forêt sans ses racines.
Il y aura un mort, un vide, une pierre insipide.
La présence sacrée de Marine tellement nous fascine
Comme le soleil d'hiver qui nos chairs gelées câlinent.
À cette âme si belle je resterai fidèle.
Des fleurs de son jardin j'accueille la joie,
Chaque matin… car la pureté de son cœur est une source de bonheur.
Ses murmures magiques et leur magnifique musique apaisent mon Cœur
Comme un enfant qui dort sur un chant angélique.
Marine.

XXXIII
Il n'y a que l'amour et son pouvoir vital

Ô immense univers… que fait ta poussière flamboyant par l'amour
De quel sacré feu a enflammé son glamour pour qu'elle le suive sans retour
Voyons comment il peut effacer le temps et l'espace en un clin d'œil pour qu'on atteigne notre union merveille lointaine jusqu'à avant le Big Bang ?
Bien avant que la gravité passe
Exactement comme nous étions une seule âme submergée par l'Essence divine et que nous buvions sa pitié authentique
Ô tendre et charmant univers, je vois ton âme,
En lui à travers, ta grandeur, ta joie et tes sévères lois, tes rivières claires, tes splendides étoiles revolvers, tes atomes acharnés et ta passion enflammée de son délice cœur vert.
J'en ai rempli mon ivre verre.
Tu es tout en lui ! Même dans tes longues glaciales nuits d'un sauvage hiver qui est couvert d'infernal ennui. Ses regards vers un lointain espoir, peut-être une gaie porte de vulgaire vulve pour nous est soudaine ouverte.

Ô libre univers cet amour m'a libéré de mes tristes et lourds bagages,
Je suis une âme errante chantant les hymnes des anges remplis de félicité ivre de son passage à travers mon esprit mysticisé.
Qui m'a libérée de ma douleur criminelle ?
Qui a lâché mes papillons passionnels poussés par son attirance irrationnelle pour qu'ils soient fondus dans le creuset de l'amour éternel ?
Qui a fait couler la Fontaine créatrice pour que les poèmes pleuvent dans mon cœur devant sa présence originelle ?
Qui a fait comprendre à nos atomes pour qu'ils doivent s'unir en merveille unicité
Et qu'ils communiquent sans paroles dans une profonde simplicité ?
Voilà la vraie complicité.
Ô lourde nuit des amants pleine de soupirs et des désirs, allège ton corps de ses lourds douloureux bagages et qu'ils partent comme nous en magnifique et mystique voyage.
Il n'y a que l'Amour et son pouvoir vital.
Il n'y a que lui pour nous rendre immortels.

XXXIV
Le savoir

Savoir jouer est une vertu
Adore le jeu ne sois pas Têtu.
Comme si ton âme est la cible du jeu,
Ça ne fait rien si tu es abattu !
Tout est enjeux en ce temps fangeux
Quel désir obtus...Quel délice goûteux...
La vie elle-même est un jeu piégeux.
Aimer sans je
Fondre en tu
Un acte courageux
Un désir qui nous tue.
Peu peuvent nous donner un amour tapageur
Il n'y a que toi
Hors du jeu
Moi seule je… je !

XXXV
Qui brille si fort en toute-puissance

Emilien, Justin, Victoire, Maxence
Leurs gestes apportent l'honneur à la France
Qui brille si fort en toute-puissance…
Emilien l'existence est une souffrance
Tenez vaillamment son alliance.
Vous êtes Chevalier en toute évidence,
La France attend vos nobles délivrances.
Vous êtes un géant une belle étoile-homme,
De quelle poussière cosmique se sont formés ses rares atomes.
Votre passion lui a donné sa première étincelle,
Qui allumera le ciel avec ses flammes éternelles…
« Tu accèdes au futur par la force de ta présence »
Victoire est une belle déesse… Une femme-soleil,
Dessinera sa propre gloire majestueuse sans aucun deuil.
Justin, un grand destin est entre tes mains,
Tu seras, sûrement un jour, une Légende de l'existence.
Maxence, son apparence comme la pluie est purement belle,
Son intelligence est sa puissance
Ainsi que son innocence.

XXXVI
Rien ne reste pour toujours

Rendez-moi mon âme
Mon désir et mes flammes.
Rendez-moi mon cœur
Plein de toi, ivre de bonheur
Rien ne reste pour toujours,
Ni la haine ni l'amour…
Et viens,
Levons la coupe de notre désir débridé
Avant qu'il ne soit brisé par ma farouche dignité !
À quoi ça sert qu'on s'aime encore, Si ma joie s'éteint un jour ?
À quoi ça sert l'envie charnelle,
Si tout hélas est sûrement mortel.

XXXVII
Le chevalier

Un homme vrai est reconnu par le nom de son courage.
Il battait l'inconnu,
Éclairait vivement son passage.
Sa noble âme disait : « non »
À des vétilles en tournage…
Sa passion est son cheval
Qui le conduira à son destin.
Il continuera sans cesse
Le soir lourd et le matin.
Un vrai homme est reconnu
Par sa volonté de résister,
Par son cœur douloureux
Qui ne souhaite jamais d'arrêter,
Par ses ailes éclairées
Essaie toujours de s'envoler,
Plus loin encore au-delà
Plus loin qu'on puisse arriver,
Toi l'homme, le chevalier,
Amène donc ta gloire,
Affronte ainsi l'obscurité,
« Le savoir » est ta victoire.

XXXVIII
Ton âme brille sur mes rivages

Ton âme brille sur mes rivages
Portant les cyclones, les orages.
Son souffle fort pénètre mes arbres, provoque mes feuilles, mes libres plumages, décidant de lancer ainsi ses bagages.
En moi il se repose d'un long voyage.
Que ferai-je dis ?
De quel langage
Nos flammes parlent nos beaux ouvrages ?
Tu m'occupes, je te vis et tu me partages, jusqu'à la folie, la joie sauvage.
Nos flammes dansent à nos outrages libérant le désir de sa cage
Ce monstre libéré est plein de rage, déchirant nos chairs, nos sens.
Aspirant nos sangs… Oh mon Ange !
Que ferai-je dis sans courage
Nos flammes brûlent tous les sillages.
Ma femme-forêt mon être sauvage,
Adore ses vents qui casseront mes branches ;

Adore ses mains qui dessinent mes sens, colorient mes joies, éclairent mon visage.
Tout est beau… Oh mon Ange
À mon goût, à ton image.
Ma forêt est passionnée
Par son éclairage,
Ma forêt sauvage
Attend avec impatience
Son passage.

XXXIX
Je vais créer un autre mot qu'Amour

Non chéri c'est sûr :
Je ne crois pas en l'amour.
Je ne crois pas aux mots banals,
Aux mirages où il n'y a que le mal. Très peu de joie pour quelques jours,
Et trop de chagrin pour toujours.
Je ne crois pas à une ombre pour nous obscure,
À une vague de cruel désir
Qui attaque nos âmes laissées sans paix sans pitié.
Nos verres chéri ne sont pas vides,
Le goût de nos Âmes est splendide…
Je vais créer un autre mot qu'Amour ;
Un mot qui dure sans rupture,
Un mot qui rime avec sublime,
Qui est florissant au-delà de nos moments intimes,
Dont le rythme est beau et harmonieux,
Et son visage est toujours lumineux.
Ses lettres, chéri, sont des diamants,
Une bible sacrée pour les amants.

Il est le vin d'une sainteté où nos verres sont remplis jusqu'à l'ivresse.
Il est le fruit d'une passion charnelle,
Pleine de volupté dont l'esprit est un élixir de l'immortalité.
La sincérité est son goût et l'éclat est le reflet de sa pureté.
Une Royale prospérité qui porte la joie et la gaîté, Rien n'est ambigu, pas d'obscurité. Une… une (rimanité)
Et je te rim chéri, pour une infinité !
Je te rim, sans fin, toute une éternité !

Table des matières

Imprimé en Allemagne
Achevé d'imprimer en novembre 2023
Dépôt légal : novembre 2023

Pour

Le Lys Bleu Éditions
40, rue du Louvre
75001 Paris

www.ingramcontent.com/pod-product-compliance
Lightning Source LLC
Chambersburg PA
CBHW062345010826
49168CB00024B/262

* 9 7 9 1 0 4 2 2 1 5 3 1 6 *